L'ABROGATION

DE

LA LÉGISLATION DE 1814

PRONONCÉE

PAR LE GOUVERNEMENT ET LES CHAMBRES DE 1819,

ET PAR LA LETTRE DES LOIS DES 17 ET 26 MAI 1819.

Par VILLET-COLLIGNON,

Imprimeur à Verdun,

Auteur d'une Grammaire critique de l'Académie et des Grammairiens sur la manière d'écrire certains Participes français, et d'une méthode facile et raisonnée de les écrire tous correctement sans le secours d'aucune règle.

Prix : 1 fr.

A PARIS,

Chez l'Auteur, rue des Fossés-St.-Jacques, 26.

ET A VERDUN, RUE MAZEL, 66.

1851.

L'ABROGATION

DE

LA LÉGISLATION DE 1814

PRONONCÉE

PAR LE GOUVERNEMENT ET LES CHAMBRES DE 1819,

ET PAR LA LETTRE DES LOIS DES 17 ET 26 MAI 1819.

Par VILLET-COLLIGNON ,

Imprimeur à Verdun,

Auteur d'une Grammaire critique de l'Académie et des Grammairiens sur la manière d'écrire certains Participes français, et d'une méthode facile et raisonnée de les écrire tous correctement sans le secours d'aucune règle.

Prix : 1 fr.

A PARIS,

Chez l'Auteur, rue des Fossés-St.-Jacques, 26.

ET A VERDUN, RUE MAZEL, 66.

1851.

F 46054

ON TROUVE AUX MÊMES ADRESSES.

Appel à tous les Imprimeurs de France, sur la nécessité de demander aux chambres l'exécution des lois sur l'Imprimerie ou de nouvelles lois réglementaires, par le même Auteur. prix : 1 fr. 50 c.

Coup-d'Œil sur l'Imprimerie et les divers gouvernements qui se sont succédé en France depuis 1792, ainsi que sur les constitutions passées présentes et futures, par le même Auteur. prix : 2 francs.

Grammaire critique de la manière dont l'Académie et les grammairiens écrivent certains participes français, et méthode facile de les écrire tous par le raisonnement et sans le secours d'aucune règle, par le même Auteur. prix : 50 cent. cartonné.

L'ABROGATION

DE LA LÉGISLATION DE 1814

PRONONCÉE

PAR LES LÉGISLATEURS DE 1819.

————————

> Les choses les plus simples et les plus faciles à
> concevoir échappent souvent aux hommes les plus
> instruits et les plus éclairés. Quand elles se pré-
> sentent à leur esprit, ils sont tout étonnés et pres-
> que honteux de ne pas les avoir plus tôt conçues.
>
> De FIGAROL, député, (discussion
> de la loi de 1819.)

Il faut en convenir! depuis quelques années,
la France offre un bien triste et bien étrange spec-
tacle. Jamais peut-être, à aucune époque, l'anarchie intellectuelle n'a été poussée plus loin. —
C'est à n'y plus rien comprendre. Il n'est pas une
seule question, si simple qu'elle soit, fut-elle
politique ou de législation, qui ne soit complètement dénaturée aujourd'hui par les interprétations
et les applications les plus erronées.

Hâtons-nous de démontrer toute la force et la
justesse de nos paroles par la démonstration la
plus évidente et la plus palpable de l'abrogation
de la loi du 21 octobre 1814, maintenue cependant
jusqu'alors par une erreur inexplicable.

On verra dans cette discussion que non seule-

ment la législation de 1814, contre les imprimeurs, a été explicitement et formellement abrogée
lors de la présentation des lois des 17 et 26 mai
1819, mais encore qu'elle est un contre sens, une
anomalie complète avec ces dernières lois, enfin
qu'elle n'a aucun sens.

Avant 1814, l'imprimerie était régie par le décret
impérial du 5 février 1810, qui fixait le nombre
des imprimeurs en France et déterminait le mode
de publication des ouvrages, et par le code pénal,
art. 283 et 84.

A la chute de l'empire, le premier soin du nouveau gouvernement fut de rendre une ordonnance
ainsi conçue :

*Ordonnance du roi qui maintient provisoirement les
lois, décrets et Réglements par lesquels il a été
pourvu jusqu'alors à la répression des abus de la
presse.*

> « *Au Château des Tuileries, le 10 Juin 1814.*
> « LOUIS, etc.

> » A tous ceux qui ces présentes verront, salut.
> » Nous avons ordonné et ordonnons ce qui suit,
> » Les lois, décrets et réglements relatifs à l'usage de la
> » presse et aux délits qui se peuvent commettre par cette voie,
> » notamment les titres 3, 5 et 7, du décret du 5 février 1810,
> » contenant réglement sur l'imprimerie et la librairie, seront
> » provisoirement exécutés selon leur forme et teneur, jusqu'à
> » ce qu'il en ait été autrement ordonné.
> » Donné à Paris, etc. »

Ainsi fut maintenu le décret impérial jusqu'au
21 octobre 1814, époque à laquelle cette loi fut
adoptée.

Le premier titre de cette loi, établissait la censure sur les ouvrages autres que ceux désignés
dans l'art. 2. — Inutile de nous occuper de ce titre
qui, aux termes de l'art. 22 de la même loi, a
cessé d'être en vigueur depuis 1816.

Le titre 2 a donc survécu seul. En voici les dis-
sitions :

De la Police de la Presse.

11. Nul ne sera imprimeur ni libraire s'il n'est breveté par
le Roi, et assermenté.

12. Le brevet pourra être retiré à tout imprimeur ou libraire
qui aura été convaincu, par un jugement, de contravention
aux lois et réglemens.

13. Les imprimeries clandestines seront détruites, et les
possesseurs et dépositaires punis d'une amende de dix mille
francs et d'un emprisonnement de six mois.

Sera réputée *clandestine* toute imprimerie non déclarée à
la direction générale de la librairie, et pour laquelle il n'aura
pas été obtenu de permission.

14. Nul imprimeur ne pourra imprimer un écrit avant d'a-
voir déclaré qu'il se propose de l'imprimer, ni le mettre en
vente ou le publier, de quelque manière que ce soit, avant
d'avoir déposé le nombre prescrit d'exemplaires ; savoir : à
Paris, au sécrétariat de la direction générale ; et dans les départemens, au secrétariat de la préfecture.

15. Il y a lieu à saisie et séquestre d'un ouvrage.

1.o Si l'imprimeur ne représente pas les récépissés de la
déclaration et du dépôt ordonné en l'article précédent.

2.o Si chaque exemplaire ne porte pas le vrai nom et la
vraie demeure de l'imprimeur ;

3.o Si l'ouvrage est déféré aux tribunaux pour son contenu.

16. Le défaut de déclaration avant l'impression, et le défaut de dépôt avant la publication, constatés comme il est dit
en l'article précédent, seront punis chacun d'une amende de

mille francs pour la première fois , et de deux mille francs pour la seconde.

17. Le défaut d'indication , de la part de l'imprimeur , de son nom et de sa demeure , sera puni d'une amende de trois mille francs. L'indication d'un faux nom et d'une fausse demeure sera punie d'une amende de six mille francs , sans préjudice de l'emprisonnement prononcé par le Code pénal.

18. Les exemplaires saisis par simple contravention à la présente loi, seront restitués après le paiement des amendes.

19. Tout libraire chez qui il sera trouvé ou qui sera convaincu d'avoir mis en vente ou distribué un ouvrage sans nom d'imprimeur , sera condamné à une amende de deux mille francs , à moins qu'il ne prouve qu'il a été imprimé avant la promulgation de la présente loi. L'amende sera réduite à mille francs si le libraire fait connaître l'imprimeur.

20. Les contraventions seront constatées par les procès-verbaux des inspecteurs de la librairie, et des commissaires de police.

21. Le ministère public poursuivra d'office les contrevenans par-devant les tribunaux de police correctionnelle, SUR LA DÉNONCIATION DU DIRECTEUR GÉNÉRAL DE LA LIBRAIRIE et la remise d'une copie des procès-verbaux.

22. Les dispositions du titre Ier cesseront d'avoir leur effet à la fin de la cession de 1816.

Donné à Paris , etc.

Pour bien saisir l'esprit de cette loi , il est nécessaire d'en rapprocher l'ordonnance que voici :

Ordonnance du Roi contenant des mesures relatives à l'impression , au Dépôt et à la Publication des Ouvrages.

Au Château des Tuileries , le 24 Octobre 1814.

LOUIS , etc.

Art. 1.er Les brevets d'imprimeur et de libraire délivrés jusqu'à ce jour sont confirmés : les conditions auxquelles il en sera délivré à l'avenir, seront déterminées par un nouveau réglement.

2. Chaque imprimeur sera tenu, conformément aux réglemens, d'avoir un livre coté et paraphé par le maire de la ville où il réside, où il inscrira par ordre de dates, et avec une série de numéros, le titre littéral de *tous les ouvrages* qu'il se propose d'imprimer; *le nombre des feuilles, des volumes et des exemplaires, et le format de l'édition.* Ce livre sera représenté, à toute réquisition, aux inspecteurs de la librairie et aux commissaires de police, et visé par eux s'ils le jugent convenable.

3. Les dispositions dudit article s'appliquent aux estampes et aux planches gravées accompagnées d'un texte.

4. Le nombre d'exemplaires qui doivent être déposés, ainsi qu'il est dit au même article, reste fixé à cinq, lesquels seront répartis ainsi qu'il suit : un pour notre bibliothèque, un pour notre amé et féal chevalier le chancelier de France, un pour notre ministre secrétaire d'État au département de l'intérieur, un pour le directeur général de la librairie, et le cinquième pour le censeur qui aura été ou qui sera chargé d'examiner l'ouvrage.

5. Si un écrit a été examiné sur la réquisition de l'auteur ou de l'imprimeur, et qu'il soit approuvé, il leur sera délivré un procès-verbal d'*approbation*; et la remise de ce procès-verbal les déchargera de toute responsabilité, si ce n'est envers les particuliers lésés, conformément à l'article 10.

6. Si l'examen d'un écrit n'a eu lieu que par ordre du directeur général de la librairie ou du préfet du département, la permission d'imprimer pourra être donnée sans approbation; et, en ce cas, elle sera seulement constatée par la délivrance du récépissé de la déclaration.

7. En exécution de l'article 20, les commissaires de police rechercheront et constateront d'office toutes les contraventions; et ils seront tenus aussi de déférer à toutes les réquisitions qui leur seront adressées à cet effet par les préfets, sous-préfets et maires, et par les inspecteurs de la librairie. Ils enverront dans les vingt-quatre heures tous les procès-verbaux qu'ils auront dressés, à Paris, au directeur général de la librairie;

et dans les départemens, aux préfets, qui les feront passer sur-le-champ au directeur général, *seul chargé par l'article 21 de dénoncer les contrevenans aux tribunaux.*

Quel était l'esprit de cette loi, son but, son application ? voilà ce qu'il est important d'expliquer.

La loi de 1814 était toute préventive. Ainsi, un imprimeur ne pouvait mettre sous presse un ouvrage sans avoir fait préalablement une déclaration et reçu le récépissé de cette déclaration, et comme conséquence de cette disposition, les inspecteurs de la librairie et les commissaires de police étaient investi du pouvoir de visiter les imprimeries à toutes les heures, de voir ce qui s'imprimait, de suspendre et d'arrêter même l'impression si l'ouvrage leur paraissait suspect.

Ces mesures préventives ne suffisaient point encore, il fallait, avant de pouvoir mettre en vente un ouvrage, en déposer 5 exemplaires, et avoir reçu le récépissé du dépôt. Cette mesure avait pour objet de prévenir tous les crimes ou les délits de la presse; aussi n'y avait-il pas de loi répressive de ces derniers, par la raison fort simple qu'il ne pouvait y avoir de délit qu'avec l'autorisation du gouvernement.

L'esprit et le but de la législation du 21 octobre 1814 étaient donc de prévenir tous les crimes et les délits qui pouvaient être commis par la voie de la presse; et l'on conçoit alors, en présence de ces dispositions préventives, la rigueur de la pénalité imposée pour infraction à de telles dispositions. On voulait contraindre par là les imprimeurs à ne rien imprimer clandestinement; et, pour cela, des visites domiciliaires et fréquentes avaient lieu dans toutes les imprimeries.

Quoi qu'il en soit de la rigueur de ces dispositions pénales, le gouvernement, il faut le reconnaître, en faisait une sage application. Ainsi, l'article 21 de cette loi et l'art. 7 de l'ordonnance royale étaient rigoureusement appliqués, c'est-à-dire qu'il y avait rarement des poursuites ; cela est si vrai que de 1814 à 1819, on n'a jamais vu moins de condamnations pour contraventions ; tandis que depuis l'abrogation de cette loi, chose remarquable, les condamnations se sont multipliées à l'infini. — Pourquoi cela ? — La raison en est fort simple. — C'est que la loi de 1814 (art. 21 et 7 de l'ordonnance royale) avait déclaré formellement que les poursuites n'auraient lieu que sur la dénonciation du directeur général de l'imprimerie et de la librairie.

Le gouvernement s'était donc réservé le droit de décider s'il y avait lieu à poursuivre ou non ; c'est-à-dire qu'il n'entendait pas ériger en crime ou en délit une simple contravention, et donner aux parquets le droit de poursuivre d'office, sans une autorisation préalable ; en un mot, le législateur a voulu donner aux imprimeurs une garantie contre l'arbitraire des parquets.

Tout cela se conçoit. — Tout cela est en parfaite harmonie avec l'esprit et la lettre de la loi de 1814.

Enfin les contraventions étaient si rares qu'en 1817 seulement on songea à faire une loi pour la poursuite des contraventions. — Voici cette loi :

Loi relative aux écrits saisis en vertu de la loi du 21
Octobre 1814.

A Paris, le 28 *Février* 1817.

LOUIS, etc.

Nous avons proposé, les Chambres ont adopté, NOUS AVONS
ORDONNÉ et ORDONNONS ce qui suit :

ARTICLE UNIQUE. Lorsqu'un écrit aura été saisi en evrtu de
l'article 15 du titre II de la loi du 21 octobre 1814, l'ordre
de saisie et le procès-verbal seront, sous peine de nullité,
notifiés dens les vingt-quatre heures à la partie saisie, qui
pourra y former opposition.

En cas d'opposition, le procureur du Roi fera toute diligence
pour que dans la huitaine, à dater du jour de ladite opposition, il soit statué sur la saisie.

Le délai de huitaine expiré, la saisie, si elle n'est maintenue
par le tribunal, demeurera, de plein droit, périmée et sans
effet, et tous dépositaires de l'ouvrage saisi seront tenus de le
remettre au propriétaire.

Cette loi détermine comme on voit, la manière
de procéder en cas de contravention à la loi du
21 octobre 1814.

On verra plus loin comment cette loi de 1814 a
été mutilée dans son esprit, dans sa lettre, dans
son but et dans son application. — Voyons d'a-
bord comment elle a été abrogée.

Il est évident que la législation préventive de
1814 était une atteinte grave portée à la charte,
qui avait proclamé la liberté de la presse en principe. — Cette loi fut donc l'objet des attaques in-
cessantes des écrivains libéraux ou constitution-
nels ; et, en 1817, le gouvernement sentit déjà la

nécessité de revenir à la charte ; il proposa donc à la sanction des chambres un projet de loi destiné à remplacer la loi de 1814; mais ce projet, qui avait été adopté par la chambre des députés fut rejeté par la chambre des Pairs, et la loi de 1814 continua à régir encore la presse jusqu'en 1819, époque à laquelle le gouvernement, cédant enfin à l'opinion publique, présenta aux chambres les lois des 17 et 26 mai 1819.

Pour connaître parfaitement l'esprit des lois, il est indispensable de se reporter à leur discussion, et aux motifs qui leur ont donné naissance.

Or, quels ont été les motifs donnés par le gouvernement à la présentation des lois de 1819 ?

LA NÉCESSITÉ DE REMPLACER LA LÉGISLATION DE 1814 !

Voilà le seul, l'unique motif donné par les ministres à la présentation des lois des 17 et 26 mai 1819, et approuvés par tous les orateurs des deux chambres. Ce motif est écrit en toutes lettres dans tous les discours prononcés lors de la discussion de cette loi.

M. de Lally-Tolendal, pair de France, comprenant que rien ne pouvait mieux fixer l'esprit des lois, leur sens, leur but ; que rien enfin n'était plus propre à éclairer la conscience des juges relativement au sens des lois pénales, demanda et obtint l'impression des discours des ministres du Roi. Or, si l'on se reporte à ces discours, qui font loi, on acquerra la conviction intime que l'intention formelle du gouvernement a été d'abroger la légis-

tion de 1814 ; que cette abrogation, n'eût-elle pas
été prononcée en termes explicites et formels, n'en
serait pas moins prononcée par son incompatibilité
réelle avec la législation de 1819, ainsi qu'on le
verra plus loin.

Commençons d'abord par citer les passages des
discours des ministres, des rapporteurs et des
orateurs des deux chambres, dans lesquels l'abrogation de la législation de 1814 est formellement
exprimée.

Voici d'abord comment s'est exprimé M. le garde
des sceaux, le chef des cours et des tribunaux, le-
ministre de la justice enfin, dans la séance du
22 mars 1819, en présentant les projets de lois
des 17 et 26 mai 1819 :

« Le premier projet, intitulé *Des crimes et délits
commis par la voie de la presse, ou tout autre moyen
de publication*, repose sur un principe fort simple,
ou plutôt sur un fait : c'est que *la presse, dont on
peut se servir comme d'un instrument pour commettre
un crime ou un délit, ne donne lieu cependant à la
création ni à la définition d'aucun crime ou délit particulier et nouveau.* De même, en effet, que l'invention de la poudre a fourni aux hommes de nouveaux moyens de commettre le meurtre, sans créer,
pour cela, un crime nouveau à inscrire dans les lois
pénales, de même l'invention de l'imprimerie n'a
rien fait de plus que leur procurer un nouvel instrument de séduction, de diffamation, d'injure, et
d'autres délits de tout temps connus et réprimés par
les lois. *Ce qui rend une action punissable, c'est l'in-*

tention de son auteur , et le mal qu'il a fait ou voulu faire à un individu ou à la société ; qu'importe que , pour accomplir cette intention et causer ce mal , il ait employé tel ou tel moyen ? La prévoyance des lois pénales atteindrait le crime quand même l'instrument mis en usage par le coupable AURAIT ÉTÉ JUSQU'A-LORS COMPLÈTEMENT IGNORÉ.

» De ce fait , qui est évident par lui-même , découle une conséquence également évidente , c'est qu'il n'y a pas lieu à instituer pour la presse une législation pénale distincte. Le code pénal contient l'énumération et la définition de tous les actes reconnus nuisibles à la société, et partant punissables; que l'un de ces actes ait été commis ou tenté par la voie de la presse, l'auteur doit être puni à raison du fait ou de la tentative, sans que la nature de l'instrument qu'il a employé soit, pour lui ni contre lui, d'aucune considération. En d'autres termes , IL N'Y A POINT DE DÉLITS PARTICULIERS DE LA PRESSE ; mais quiconque fait usage de la presse , est responsable, selon la loi commune, de tous les actes auxquels elle peut s'appliquer.

» Par là disparaît cette difficulté qui a si souvent embarrassé les législateurs et les publicistes, savoir : la définition de prétendus délits spéciaux appelés délits de la presse. Ces délits ne sont autres que ceux dont la définition se trouve dans les lois pénales ordinaires qui prévoient et incriminent tous les actes nuisibles , sans s'inquiéter du moyen auquel le coupable a eu recours. Par là est démontrée en même temps L'INUTILITÉ DE CETTE PÉNALITÉ D'EX-

CEPTION dans laquelle on a cherché long-temps un remède contre les abus de la liberté de la presse, et qui n'a produit que des lois tantôt oppressives, tantôt impuissantes. LA PRESSE RENTRE, COMME TOUT AUTRE INSTRUMENT D'ACTION, DANS LE DROIT COMMUN ; et, en y rentrant, elle n'obtient aucune faveur qui lui soit propre, elle ne rencontre aucune hostilité qui lui soit particulière

» Ramenée ainsi dans le domaine de la législation générale, la question devient simple, et le projet de loi s'explique, en quelque sorte, de lui-même. De quoi s'agit-il, en effet ? Ce n'est plus de dresser l'inventaire de toutes les pensées humaines pour rechercher et déclarer d'avance lesquelles, en se manisfestant, seront réputées coupables. Il s'agit uniquement de recueillir, dans les lois pénales, les actes déjà incriminés, auxquels la presse peut servir d'instrument, et d'appliquer à ces actes, lorsqu'ils auront été commis ou tentés par cette voie, la pénalité qui leur convient. Et comme la presse n'est pas le seul instrument par lequel de tels actes puissent avoir lieu, ELLE NE SERA PAS MÊME, SOUS CE POINT DE VUE, L'OB-JET D'UNE LÉGISLATION PARTICULIÈRE ; on lui assimilera tous les autres moyens de publication par lesquels un homme peut agir sur l'esprit des hommes ; car, ici encore, C'EST DANS LE FAIT DE LA PUBLICATION ET NON DANS LE MOYEN QUE RÉSIDE LE DÉLIT.

» Ainsi, deux principes sont le fondement et comme le point de départ du projet de loi ; par l'un, la presse est considérée, *non comme la source d'un genre de délits particuliers*, mais comme un instrument de délits prévus par le droit commun ; par l'autre, tous les moyens de publication sont assimilés à la presse, comme pouvant également servir à des intentions coupables et produire des résultats dangereux.

» *Quels sont maintenant les crimes et les délits dont la presse*, ou tout autre moyen de publication, *peut devenir l'instrument?*

» Il nous a paru qu'ils étaient tous renfermés et classés convenablement dans les quatre chapitres dont se compose le projet de loi, savoir : 1.° la provocation publique aux crimes ou délits ; 2.° les offenses publiques envers la personne du Roi ; 3.° les outrages à la morale publique et aux bonnes mœurs ; 4.° la diffamation et l'injure publique ».

Telle est l'analyse du discours prononcé par M. le garde des sceaux, analyse qui suffirait seule pour démontrer l'abrogation complète de la législation de 1814, en effet :

Que dit le Ministre?—1.° Que la presse ne donne lieu à la création ni à la définition d'aucun crime ou délit particulier. — 2.° Que ce qui rend une action punissable, c'est l'intention de son auteur, et le mal qu'il a fait ou voulu faire à la société.— 3.° Que le moyen importe peu. — 4.° Que la prévoyance des lois pénales atteindrait le crime quand même l'instrument mis en usage resterait complètement ignoré.

Voilà pour les hommes qui prétendent que le nom de l'imprimeur est encore exigé sous peine de 3000 fr. d'amende!! Peut-on contester des déclarations aussi formelles et positives? — Impossible.

Ce n'est pas tout, le Ministre ajoute : 5.° qu'il n'y a pas lieu à instituer pour la presse une législation pénale distincte. — 6.° Qu'il n'y a plus de délits particuliers de la presse. — 7.° Que les délits ne sont autres que ceux définis dans les lois pénales ordinaires, qui prévoient et incriminent tous les actes nuisibles, SANS S'INQUIÉTER DU MOYEN AUQUEL LE COUPABLE A EU RECOURS. — 8.° Que l'inutilité de la pénalité exceptionnelle de 1814 est démontrée, et que la presse rentre, comme tout autre instrument d'action, dans le droit commun; qu'elle ne sera pas même l'objet d'une législation particulière. — 9.° Que c'est dans le fait de la publication, ET NON DANS LE MOYEN, que réside le délit.

Or, n'est-ce pas donner au Ministre et aux législateurs de 1819 le démenti le plus formel, que de reconnaître encore la loi de 1814 !!!! — N'est-ce pas leur dire : Que la presse donne lieu à la création de crime ou délit particulier. — Qu'il peut exister des lois pénales pour punir ce qui n'est ni crime ni délit et ne renferme pas même une intention coupable. — Que le moyen importe beaucoup. — Que les lois pénales n'atteindraient jamais le coupable si l'instrument restait inconnu. — Qu'il y a lieu à maintenir la législation pénale de 1814.

— Qu'il y a des délits imaginaires de la presse autres que ceux prévus par les lois pénales. — Qu'il faut punir les fabricants d'instruments de crime et de délit. — Que la presse ne doit pas rentrer dans le droit commun, et qu'elle a besoin d'une législation pénale distincte. — Enfin, que ce n'est pas dans le fait mais dans le moyen que réside le délit.

Voilà cependant les démentis que donneraient au gouvernement et aux législateurs de 1819 tous ceux qui, après nous avoir lu, soutiendraient encore l'existence de la législation de 1814 !!!

Nous venons de voir ce qu'a dit M. le Ministre de la justice à la chambre des députés en présentant les projets de loi des 17 et 26 mai 1819. Il est inutile, nous le pensons, de rapporter ici le discours qu'il prononça à la chambre des pairs ; il suffit de savoir que le Ministre, ainsi que dans son premier rapport, a considéré la presse comme *un simple instrument*, pouvant servir à commettre des crimes ou des délits ; et qu'il posa ce principe : que ce qui constituait le crime ou le délit, c'était le préjudice porté méchamment à la société ou à ses membres, *quel que soit le moyen employé par le coupable.*

Or, quel était le but de la législation de 1814 ? — De punir le moyen, c'est-à-dire l'instrument, et non le coupable du crime.

Le système des lois des 17 et 26 mai 1819, était donc fixé, comme on voit, d'une manière claire et précise dans la pensée du gouvernement ; il s'agissait de remplacer la législation de 1814 ; c'est-à-dire de cesser de punir l'instrument, et de punir l'auteur

2

des crimes ou des délits commis par le moyen de cet instrument.

Au lieu de cela, qu'a-t-on fait et que fait-on encore aujourd'hui ? — On a continué et l'on continue encore à punir l'instrument, même quand il n'a servi à commettre aucun crime ! N'est-ce pas là la plus étrange aberration de l'esprit humain, d'appliquer, contrairement au gouvernement et aux législateurs, une pénalité établie pour infraction à des dispositions préventives qui n'existent plus, et dans le cas seulement encore où l'ouvrage est déféré aux tribunaux pour son contenu.

Les deux projets de lois de 1819 furent soumis dans chaque chambre à une commission spéciale.

Voici d'abord comment s'exprima à la chambre des députés, M. de Courvoisier, rapporteur, au nom de la commission :

« L'intérêt public exige non-seulement que *la* » *presse soit dégagée de toute mesure préventive,* » mais on doit craindre de resserrer l'opinion dans » ses progrès, et la controverse dans sa carrière, » en donnant trop de latitude à l'arbitraire de la » poursuite ».

« Un peuple que sa constitution appelle à con- » courir, par le choix de ses députés, à la ré- » pression des abus et à la confection des lois, doit » s'éclairer sur les actes du gouvernement et sur » les modifications que les lois réclament : c'est la » presse qui l'éclaire, et si l'on en comprime trop » rigidement même les écarts, on s'expose à en » gêner l'action ».

« Le but du gouvernement représentatif est de
» fonder la sécurité publique sur le respect de tous
» les intérêts et de tous les droits ; la publicité est
» le meilleur frein contre l'injustice ; elle est insé-
» parable de quelque licence ».

« La liberté de la presse est le mobile du gouver-
» nement représentatif ; elle en est aussi le soutien.
» Notre but est d'affermir cette espèce de gouverne-
» ment, il faut donc en endurer les inconvéniens,
» pour jouir aussi de ses avantages ».

« Le gouvernement sera harcelé, on pourra tra-
» vestir ses plans et dénaturer ses intentions : sa jus-
» tification sera dans ses actes. On pourra parler au
» peuple d'oppression et de liberté, exagérer ses
» droits et outrer ses craintes ; mais il se familiarise
» avec les élans ; l'habitude de l'observation le tient
» en garde ; il s'instruit, il reconnaît que, pour
» égarer ses passions, on lui tint, dans tous les
» temps, le même langage. Espérerait-on, d'ail-
» leurs, obtenir, après une révolution et sous la
» charte, une déférence silencieuse pour le gou-
» vernement et ses actes? Espérerait-on comprimer
» la presse, quand une opposition impuissante ne
» fit jamais, dans l'ancienne France, qu'en aggra-
» ver les effets fâcheux ».

Voilà, nous l'espérons, une opinion bien capable de convertir les incrédules !

L'intérêt public, dit M. de Courvoisier, rappor-
teur de la commission, exige NON SEULEMENT
QUE LA PRESSE SOIT DÉGAGÉE DE TOUTE
MESURE PRÉVENTIVE, etc.!!

Or, quelles étaient les mesures préventives ? — La déclaration préalable à l'impression, et le dépôt préalable à la publication.

Que punit-on encore aujourd'hui de 1000 fr. d'amende ? — Le défaut de déclaration avant l'impression et le défaut de dépôt avant la publication.

Voilà où nous en sommes ! voilà comme est interprêtée et appliquée aujourd'hui encore la loi de 1814 ! — Comment donc n'aurions-nous pas de révolutions ?

Hâtons-nous maintenant de faire connaître l'opinion de la commission de la chambre des pairs, dont M. de Broglie était rapporteur.

« Je viens au nom de la commission, dit le noble pair, vous présenter un extrait raisonné de son travail, et ses conclusions à l'égard du projet de loi dont il vous a plu de lui déférer l'examen.

» Le gouvernement, qui vous propose cette loi, croit simplement faire retour au droit commun et aux principes généraux de la législation criminelle. Il pense enfin que la liberté de la presse sera éternellement en question, *tant que la presse elle-même n'aura pas été replacée au rang de simple instrument* propre à servir au bien et au mal ; tant qu'on ne cessera de faire des lois soit contre elle, soit sur elle, soit même pour elle.

» Après une mûre délibération, votre commission a partagé ce sentiment.

» *L'exercice d'une faculté quelconque est de droit naturel* ; les lois posent des limites ; les lois prononcent des restrictions ; voilà leur but et leur langage.

Demander au législateur qu'il enseigne, qu'il explique ce qui est permis, c'est renverser l'ordre des idées ; demandez-lui ce qu'il défend, cela seul peut être dit par avance, cela seul importe à savoir. *Raisonner autrement c'est aller contre le principe même des lois pénales,* **c'est déclarer aux citoyens qu'ils ont besoin d'une autorisation spéciale pour écrire et pour imprimer,** *c'est leur signifier que le législateur entend gouverner en maitre leurs pensées et leurs opinions, tandis qu'il n'en est que le modérateur et le surveillant.*

» Nous pensons donc que le gouvernement agit sagement en se bornant à vous présenter un système de répression approprié aux besoins de l'ordre public, sans prétendre, de sa pleine autorité, assigner à la liberté de la presse son domaine.

» Mais ce système de répression lui-même ne doit-il s'appliquer qu'aux abus de la presse ! la presse est-elle une machine nouvellement inventée? la censure, en cessant d'exister, laisse-t-elle la France en proie à des délits nouveaux, singuliers, inouis parmi les hommes ? Nullement.

» Ce qu'on imprime, on l'écrit auparavant, et des copies en peuvent être tirées et répandues dans le public ; ce qu'on écrit, on peut le dire de vive voix ; ce qu'on réussit à peindre à l'intelligence par des métaphores, des images, des allusions, on réussit tout aussi bien à le figurer aux yeux et à lui faire prendre un corps et un visage.

» Admettons que tous ces moyens soient propres à opérer certains délits, et la chose n'est pas douteuse, ces délits sont tout-à-fait identiques, absolument de même nature.

» Or, il est de principe, en matière criminelle, que le législateur ne s'occupe, soit de l'instrument à l'aide duquel un délit se commet, soit du mode accidentel de la perpétration de ce même délit, qu'autant que cet instrument ou ce mode en fait varier le fait caractéristique, en altère l'élément moral, ou en dénature les conséquences.

» Qu'un meurtre ait été commis avec un pistolet, un couteau ou un sabre ; que dans un vol exécuté avec déguisement le voleur ait pris le costume d'un magistrat civil, ou l'uniforme d'un officier de gendarmerie, peu importe.

» *Et peu importe aussi, dans le sujet qui nous occupe,* la parole, la plume, LA PRESSE, le pinceau, le burin ; peu importe le manuscrit, le livre, le dessin, la gravure. Par rapport au mal qu'ils peuvent faire, ni l'œuvre ni l'outil n'ont rien qui les distingue. Tout leur effet se borne à semer ou à réveiller dans l'esprit des hommes certaines idées qui deviennent préjudiciables, soit à des tiers, soit à la société elle-même. Souvent ils sont employés concurremment au même but, et s'entr'aident l'un l'autre. A quoi bon faire acception de celui-ci plutôt que de celui-là ?

» Votre commission approuve donc le projet de loi en tant qu'il est fondé sur cette double proposition : 1.° Il n'y a point de loi à faire sur la liberté de la presse, *parce que cette liberté existe par elle-même,* et qu'aucune loi d'ailleurs ne possède la

vertu de créer et de mettre en activité la liberté ;
2.° **il n'y a point de loi à faire sur les délits
de la presse**, parce que ces délits n'existent pas ,
du moins comme délits d'une nature particulière , parce
que le législateur ne doit point multiplier les qua-
lifications sans raison , ni instituer des distinctions
là où la nature n'en avait pas mises avant lui.

» *Telles sont d'ailleurs strictement la lettre et l'esprit de la charte,* laquelle fait dériver *la faculté
d'imprimer ses opinions* de celle de les *publier,* indi-
quant par là que l'une fait partie de l'autre, comme l'espèce fait partie du genre.

» Le gouvernement a considéré l'abolition de la
censure comme un évènement qui devait multiplier
certains délits déjà connus, définis et incriminés
par le code.

» Chargé de veiller à la sûreté de la société, il a
dû examiner sérieusement l'état de la législation
pénale à l'égard de ces délits, et l'ayant trouvé in-
complet et défectueux, il vient vous demander de
concourir avec lui *à refondre cette partie de la législation* sur un plan nouveau, à classer les délits
qu'elle embrasse avec plus de méthode, et à les
exprimer plus clairement.

» C'est du moins ce qu'il se flatte d'avoir fait.
Nous allons voir s'il ne s'abuse point.

» Le principe de cette loi est fort simple ; ses
conséquences sont très-faciles à saisir.

» Tant qu'une pensée repose encore dans le sein
de l'homme, Dieu seul a le droit de lui en demander compte.

» Dès qu'elle s'échappe et se produit au-dehors,
elle tombe sous la juridiction humaine ; si elle est
nuisible, si elle est pernicieuse, l'acte qui la ma-
nifeste est un acte malfaisant, et partant punissable.

» Cet acte, on le nomme *publication,* c'est la
publication qui commence ; ce sont ses conséquences
nécessaires qui consomment le mal ; elle est le fait
matériel de tous les délits que le nouveau projet de
loi comprend dans ses dispositions.

» Maintenant, qu'entendons-nous par *publication ?*

» Il s'est élevé à ce sujet, l'année dernière, de
très-graves controverses dans le sein des deux
chambres.

» Un projet de loi, que vous avez rejeté en défi-
nitive, faisait résulter la publication du dépôt que
les libraires et les marchands d'estampes sont
obligés d'opérer à la police, avant de mettre en
vente et d'étaler les ouvrages nouveaux. Le choix
était malheureux.

» DE TOUS LES ACTES QUI PEUVENT PRÉ-
CÉDER ET PRÉPARER L'ÉMISSION D'UN ÉCRIT,
LE DÉPÔT EST PEUT-ÊTRE LE SEUL QU'ON
NE PUISSE INCRIMINER, DANS AUCUN CAS,
SANS UNE EXTRÊME INJUSTICE. La raison en
est fort simple : il faut au moins que *l'acte que l'on
prétend ériger en délit soit volontaire, et le dépôt est
forcé. Il faut qu'il soit apte à consommer le dommage,
et le dépôt n'est propre qu'à le prévenir.*

» LA PUBLICATION N'EST DONC, PAR ELLE-MÊME, NI

UN CRIME, NI UN DÉLIT ; mais elle peut devenir l'un ou l'autre, si elle porte le désordre dans la société, si elle fait tort à un citoyen, si elle l'expose à un danger.

» La nature de ce désordre, de ce tort, de ce danger, est proprement l'objet de la loi pénale ».

Le noble pair entre alors dans la discussion détaillée de chacun des articles ; il termine et complète le jugement que la commission de la chambre des pairs a porté sur l'ensemble de la loi, en disant :

» Votre commission ne vous propose aucun amendement ».

Est-il possible d'abroger une loi d'une manière plus formelle, plus explicite, plus claire et plus nette, que ne l'a fait la commission de la chambre des pairs, par l'organe de M. de Broglie, son rapporteur ? — Non, cela n'est pas possible !

Et cependant les tribunaux condamnent tous les jours des imprimeurs, avec une extrême injustice par conséquent ; et d'autant plus extrême, que les dispositions préventives de la loi de 1814 ayant complètement disparues, il est évident que la pénalité attachée à l'infraction de ces dispositions a dû disparaître avec elles.

Avions-nous raison de dire que la législation de 1814 avait été abrogée lors de la présentation des lois des 17 et 26 mai 1819 ? — Qui oserait maintenant soutenir le contraire, en présence des citations que nous venons de faire du rapport du Ministre de la justice et de l'opinion des commissions des deux chambres ?

En résumant les opinions exprimées dans les divers rapports que nous venons d'extraire, on voit qu'un grand principe domine toute la loi pénale sur les publications ; c'est que cette loi n'a considéré que les délits, sans tenir aucun compte ni de la différence des instrumens, ni des différens usages de la presse, ni enfin de la distinction de la presse avec le langage ou le pinceau, de telle sorte, qu'à proprement parler il peut y avoir des crimes et des délits résultant de l'abus de la presse, mais IL N'Y A PLUS DE DÉLITS DE LA PRESSE. De là résulte encore *la liberté entière de la presse et l'observation religieuse de l'article de la charte qui déclarait que les Français avaient le droit de publier et de faire imprimer leurs opinions.* Ce principe a paru si fécond en heureuses applications qu'aucun orateur dans les deux chambres (M. Bellart excepté) ne l'a combattu, et que tous, au contraire, se sont efforcés de l'améliorer en le consacrant.

La discussion sur la loi pénale de la presse a commencé à la chambre des députés le 14 avril 1819 ; quatre discours seulement sur l'ensemble de la loi ont été prononcés.

Le 3.ᵉ député inscrit pour porter la parole sur l'ensemble du projet de loi était Benjamin Constant. Cet orateur a enchéri encore sur l'approbation donnée par ses collègues aux principes de la loi.

« Inscrit contre le projet, dit-il, je reconnais pourtant que son premier principe est digne d'approbation. Avec des amendemens nombreux, il sera possible de développer le bien dont il contient le germe. Il repose sur une maxime profondément vraie, éminemment salutaire, celle *que la presse n'est qu'un instrument qui ne donne lieu à la création ni à la définition d'aucun crime ou délit particulier et nouveau.* Cette déclaration franche et loyale est un pas immense dans la carrière des idées saines et véritablement constitutionnelles. La presse, déclarée un *simple instrument,* perd aux yeux du gouvernement le caractère d'hostilité spécial qui a suggéré à tous les gouvernemens tant de fausses mesures ; elle perd aussi aux yeux des amis trop ombrageux de la liberté ce titre chimérique à une inviolabilité exagérée que réclamaient pour elle, à des époques terribles, des hommes qui voulaient en abuser. Elle redevient ce qu'elle doit être, un moyen de plus d'exercer une faculté naturelle, moyen semblable à tous ceux de divers genres dont les hommes disposent, et qui doit, de même que tous les autres, ÈTRE LIBRE DANS SON EXERCICE LÉGITIME, et *réprimé seulement dans les délits qu'il peut entraîner* ».

Le quatrième et dernier orateur sur l'ensemble de la loi a été M. le chevalier de Figarol.

« Les idées, dit-il, les plus simples et les plus utiles échappent souvent aux hommes les plus instruits et les plus éclairés. Quand elles se présentent à leur esprit, ils sont tout étonnés, presque honteux de ne pas les avoir plus tôt conçues. Plus d'un publiciste, croyant que la presse pouvait produire des délits particuliers, s'était attaché à les définir, et trouvant des difficultés dans cette définition, ne pouvait sortir de l'embarras dans lequel il s'était inutilement jeté.

» La réflexion a dissipé enfin cette erreur, et on a reconnu que tous les crimes et délits qui pouvaient troubler la société en portant atteinte à la morale, à l'honneur, à la vie et à la propriété des citoyens, aussi anciens que les passions où ils prenaient leur source, avaient été commis avant qu'on eût inventé l'art si précieux de faire imprimer ses pensées, et avaient été recueillis par les codes criminels de toutes les nations civilisées. On a reconnu, par une conséquence forcée, que la presse ne pouvant créer ce qui existait avant elle, *n'avait pu devenir la source d'aucun nouveau crime ou délit*; qu'*elle n'avait pu que fournir un instrument de plus pour les commettre*. A la vérité, on a senti qu'il en était certains qu'elle pouvait considérablement aggraver par la publication. La calomnie, la diffamation, l'injure, par exemple, en ont obtenu un nouveau degré de gravité : le citoyen, dont un injurieux manuscrit n'aurait souvent flétri l'honneur que dans sa commune ou dans une petite étendue de pays, a pu être déshonoré dans quelques heures aux yeux de la France, aux yeux de l'Europe. Les faux principes, les maximes anti-sociales et désorganisatrices ayant pu se répandre par cette voie avec plus de rapidité, ont rendu les révoltes, les séditions, les mouvemens populaires plus généraux et plus faciles. Mais la nature des crimes et des délits est toujours restée la même, et n'a pas changé par la nouvelle circonstance aggravante qui est survenue.

« La presse ne pouvant devenir la source d'aucun nouveau crime ou délit, il faut en conclure, et cette conséquence est aussi forcée, qu'*elle n'a pas pu donner lieu à une législation pénale distincte et particulière*, et qu'*elle doit rester dans le domaine de la législation générale*. Il ne s'agit donc plus que de chercher dans les lois pénales les crimes et délits auxquels elle a pu servir d'instrument, pour leur appliquer une pénalité juste et proportionnée ».

L'orateur, après quelques considérations de détail, mais qui ne sont suivies d'aucun amendement, conclut à l'adoption pure et simple du projet de loi.

M. Cuvier, commissaire du Roi, a réfuté le petit nombre d'objections qui avait été présentées, en reconnaissant avec une vive satisfaction que les partisans et les antagonistes du projet de loi s'étaient accordés sur la justesse des principes de ce projet, et sur la franchise et la sincérité des intentions dans lesquelles il a été soumis à la chambre.

Telle a été la droiture de la marche des orateurs dans cette délibération, que M. de Courvoisier a renoncé à rentrer dans la lice, et s'en est tenu à déclarer qu'il ne prendrait la parole que sur les amendemens.

La question de l'abrogation de la loi du 21 octobre 1814, ne doit donc plus être un doute pour personne, d'après l'analyse que nous venons de mettre sous les yeux de nos lecteurs, cette loi a été bien évidemment abrogée lors de la présentation de celles des 17 et 26 mai 1819; et cela est si évident, que le gouvernement, par une conséquence naturelle et logique de cette abrogation, a déclaré formellement, dans l'article 31 du même projet de loi, adopté seulement le 26 mai, que la loi du 28 février 1817, relative aux poursuites pour contraventions à la loi du 21 octobre, était abrogée.

Evidemment, si le gouvernement et les législateurs n'avaient pas entendu abroger complètement la législation de 1814, il était inutile d'abroger la loi relative aux poursuites en cas de contravention.

Ainsi la loi du 17 mai 1819 a abrogé la loi du 21 octobre 1814, comme la loi du 26 mai, relative aux poursuites, a abrogé sa corrélative du 28 février 1817, relative aux poursuites. — Tout cela est, comme on voit, très conséquent.

Enfin, comme conséquence forcée de cette abrogation, le gouvernement a supprimé le directeur général et les inspecteurs de la librairie.

Cependant, nous dira-t-on, comment se fait-il que l'article 24 de la loi du 17 mai 1819 rappelle la loi du 21 octobre 1814?

C'est ici précisément l'écueil où tombent tous les hommes qui, comme nous, n'ont pas vieilli sous le harnais des lois de la presse, et qui, sans autre examen sérieux, disent, en lisant cet article; « mais effectivement la loi de 1814 n'est point abrogée ». — Erreur. — Loin de là, cet article prouve au contraire que la loi est abrogée, et en effet :

L'article 24 n'existait pas dans le projet du gouvernement; il est né de la discussion relative à la complicité. Benjamin Constant, desireux de donner encore plus de garanties positives aux imprimeurs,

(31)

et ne voulant pas que l'on pût retirer leur brevet
par des condamnations de complicité, insista vive-
ment pour faire cesser l'arbitraire qui les mettait
à la merci de l'autorité; il fit ressortir alors tout
ce que l'article 12 de la loi du 21 octobre avait de
contraire à l'équité et à la liberté de la profession
d'imprimeur, et l'on inséra cet amendement, mal
rédigé peut-être, mais qui n'en vient pas moins à
l'appui de l'abrogation (comme obligatoire) de la
loi du 21 octobre, et surtout comme loi pénale; car
que dit cet article 24? — Le voici :

» Les Imprimeurs d'écrits dont les auteurs se-
» raient mis en jugement en vertu de la présente
» loi, et qui *auraient* rempli les obligations pres-
» crites par le titre 2 de la loi du 21 octobre 1814,
» ne pourront être recherchés pour le simple fait
» d'impression, à moins qu'ils n'aient agi sciem-
» ment, ainsi qu'il est dit à l'art. 60 du code pénal,
» qui définit la complicité ».

N'est-il pas évident que les motifs qui ont donné
naissance à cet amendement, et la rédaction même
de cet article, prouvent que les législateurs ont
encore voulu faire plus pour les imprimeurs, en
leur disant : « Pour vous mettre à l'abri de toute
» condamnation, vous ne serez pas même réputés
» complices des crimes ou des délits prévus par
» cette loi, si vous prenez la précaution de faire une
» déclaration et un dépôt, ainsi qu'il est prescrit
» au titre II de la loi du 21 octobre 1814 ».

Voilà le véritable esprit de cet article, et en effet:
Que signifieraient d'abord tous les discours du

ministre et des orateurs des deux chambres ? —
Que signifierait surtout ce qu'a dit M. de Broglie,
que *de tous les actes que l'on ne pouvait incriminer
sans une extrême injustice, le dépôt était peut-être le
seul*, si le dépôt était encore forcé ? — Evidemment
tout cela serait un non sens absolu et complet.

En second lieu, que dit cet article 24 ?—Le voici :

*Dans le cas où un auteur serait mis en jugement,
si l'imprimeur a pris la précaution de faire une déclaration et un dépôt, il ne sera pas même réputé complice, à moins qu'il n'ait agi sciemment.* Or, si la
déclaration et le dépôt étaient restés obligatoires,
évidemment il était complètement inutile de dire
aux imprimeurs : si vous prenez telle précaution
vous ne serez pas poursuivi ; la précaution serait
alors ridicule ; car elle serait *la précaution forcée.*

Et d'ailleurs, ne serait-ce pas faire injure aux
législateurs de 1819 que de prétendre qu'ils ont
adopté les lois des 17 et 26 mai 1819 pour abroger
celle de 1814, et qu'ils auraient maintenu cette
dernière dans le corps des lois mêmes qu'ils adop-
taient ? Ne serait-ce pas un non sens et même une
absurdité ?

Avouons-le toutefois, c'est sans aucun doute à
la vicieuse rédaction de cet article 24 que l'on doit
l'erreur évidente et palpable dans laquelle sont
tombés tant d'hommes éclairés, et qui, nous l'espérons, ouvriront enfin les yeux à la lumière que
nous mettons devant eux.

Nous avons démontré, nous le croyons du moins,
de la manière la plus péremptoire, l'abrogation de

la loi du 21 octobre 1814, prononcée par tous les législateurs de 1819, et par le gouvernement lui-même, qui supprima aussitôt le directeur général de l'imprimerie, ainsi que les inspecteurs, devenus inutiles, dès qu'il n'y avait plus de contraventions de la presse et de délits à constater autres que ceux prévus par les articles 283 et 84 du code pénal, maintenus en vigueur par la loi du 17 mai 1819, article 26.

Avant de passer à l'application que l'on faisait de la loi de 1814 lors de son existence, et à l'application, si contraire à son esprit et à sa lettre, qu'on en fait aujourd'hui, nous allons démontrer que la législation de 1814 est incompatible avec l'esprit et la lettre des lois des 17 et 26 mai 1819.

Quel était le but de la loi du 21 octobre 1814? — Nous l'avons dit, page 8; cette loi avait pour objet *de prévenir tous les crimes ou les délits de la presse.* Un imprimeur ne pouvait donc imprimer un ouvrage, non seulement avant d'avoir déclaré l'intention où il était de l'imprimer, mais encore avant d'avoir reçu le récépissé de sa déclaration : de même, il ne pouvait remettre l'ouvrage soit au libraire, soit à l'auteur, avant d'avoir déposé cinq exemplaires et avoir reçu le récépissé du dépôt. En sorte que, l'impression terminée, le gouvernement pouvait encore empêcher la vente de l'ouvrage; ce qui est arrivé précisément dans plusieurs circonstances. Pour obliger alors les imprimeurs à l'exécution rigoureuse de ces dispositions préventives, on leur avait imposé des amendes énormes en cas

3

d'infraction, mais dans le cas seulement où l'ouvrage serait déféré aux tribunaux. Voilà le motif et le cas de la pénalité de la loi du 21 octobre 1814. Cette pénalité se conçoit parfaitement ; en un mot, elle a un sens, elle s'explique enfin, comme corollaire des dispositions préventives de la loi.

Le gouvernement avait, comme on voit, un droit de *veto* sur tous les ouvrages, et il ne pouvait y avoir de crimes ni de délits possibles sans son autorisation ; voilà pourquoi, ainsi que nous l'avons dit, il n'y avait pas de lois répressives des délits de la presse.

Cet état de chose, qui présentait de graves inconvénients pour le gouvernement comme pour les auteurs, ne put durer longtemps. Il arrivait qu'après avoir autorisé l'impression, le gouvernement empêchait la mise en vente ; ou bien encore qu'il autorisait la vente d'ouvrages dans lesquels se trouvaient des phrases coupables à son sens. Dans le premier cas, il y avait une perte énorme pour les libraires ou les auteurs. Dans le second cas, le gouvernement était fort embarrassé pour poursuivre ce qui était un crime ou un délit à ses yeux, et qu'il avait cependant autorisé. Il y eût eu dans ce fait une espèce d'immoralité.

Ce furent ces considérations qui frappèrent le gouvernement, et firent comprendre que la législation de 1814 était vicieuse, et que c'était à tort qu'elle punissait l'imprimeur, c'est-à-dire l'instrument ; que les auteurs des crimes ou des délits commis par la voie de la presse devaient seuls être punis ; et en 1817, le gouvernement présenta des projets de lois qui furent adoptés par la chambre des députés puis rejetés par la chambre des pairs, puis enfin modifiés et présentés de nouveau en 1819 et adoptés par les deux chambres.

L'article 1.er seul de la loi du 17 mai 1819 renferme l'abrogation complète de la loi de 1814, ainsi qu'on va en juger. — Que dit cet article ? — Le voici :

Quiconque, soit par des discours, des cris ou menaces proférés dans des lieux ou réunions publics, soit par des écrits, des imprimés, des dessins, des gravures, des peintures ou emblèmes VENDUS OU DISTRIBUÉS, MIS EN VENTE, OU EXPOSÉS DANS DES LIEUX OU RÉUNIONS PUBLICS, soit par des placards et affiches exposés au regard du public, aura provoqué l'auteur ou les auteurs de toute action qualifiée crime ou délit à la commettre, sera réputé complice et puni comme tel.

D'après cet article, pour qu'il y ait crime ou délit, il faut qu'il y ait eu vente ou distribution. Or, si la législation de 1814 est encore en vigueur, il ne peut y avoir vente ou distribution qu'avec l'autorisation du gouvernement ; il n'y aura donc jamais de crimes commis que ceux autorisés par le gouvernement lui-même, rien n'est plus évident au monde dans le système de ceux qui soutiennent l'existence de la loi du 21 octobre 1814. Le gouvernement poursuivra donc des crimes qu'il a autorisés.

Voilà la première conséquence rigoureuse et logique du maintien de la loi que nous combattons ! Voilà pourquoi M. de Broglie a dit avec tant de raison, de sens, de justesse et d'équité :

De tous les actes qu'on ne puisse incriminer sans une extrême injustice, le dépôt est peut-être le seul, la raison en est fort simple, c'est qu'il faut que l'acte que l'on prétend ériger en crime soit volontaire, et le dépôt est forcé, il faut qu'il soit apte à consommer le dommage, et le dépôt n'est propre qu'à le prévenir !!!

Comment donc, en présence de telles paroles, soutenir encore aujourd'hui que le dépôt est forcé sous peine de 1000 fr. d'amende?!!! Voilà ce qui nous surprend, ce qui nous étonne, ce qui surpasse et confond notre intelligence !! Voilà enfin ce qui justifie pleinement cette anarchie intellectuelle qui existe aujourd'hui, et qui menace de nous conduire tout droit à une nouvelle et terrible révolution, dès qu'on ne s'entend pas même sur les questions les plus simples; dès que l'on nie l'évidence du soleil brillant dans tout son éclat!

Comment, en effet, admettre une loi qui défend d'imprimer et de publier, avec une loi qui autorise l'impression et la publication?

Comment admettre une loi qui punirait des crimes ou des délits, avec une loi qui accorderait aux auteurs la permission de les commettre?

Comment admettre une loi contenant une pénalité pour un délit qu'une autre loi déclare ne plus être un délit?

Comment admettre un gouvernement quelconque poursuivant et punissant des crimes ou des délits qu'il a autorisés ? !!!

Comment admettre une loi ainsi conçue : « Tout » individu qui voudra fabriquer un instrument

» de nature à commettre un crime ou un délit ,
» sera tenu, sous peine de 5000 fr. d'amende , de
» demander au gouvernement l'autorisation de le
» fabriquer et de le vendre, et de mettre son nom
» dessus, sans préjudice de la peine encourue par
, l'auteur du crime commis à l'aide de cet instru-
» ment ».

Comment enfin admettre une loi punissant de
5000 fr. d'amende ce qui n'est ni crime ni délit ? !!

Telles sont les anomalies résultant du maintien
de la loi du 21 octobre 1814 , qui prouvent son incompatibilité évidente avec celle de 1819.

Enfin, pour mieux faire ressortir ces anomalies ,
qu'on se rappelle que la loi de 1819 a formellement abrogé celle du 28 février 1817 comme conséquence de l'abrogation de la première.

L'article 1.er de la loi du 17 mai 1819 renferme
donc dans son sein l'abrogation de la loi du 21
octobre 1814 ; mais cet article n'est pas le seul
qui contienne ce principe , il en est un autre plus
formel , plus positif encore , dans ce projet de loi ,
c'est l'article 29 de la loi du 26 mai , ainsi conçu :

» L'action publique contre les crimes et délits
» commis par la voie de la presse , ou tout autre
» moyen de publication, se prescrira par six mois
» révolus, à compter du fait de publication qui
» donnera lieu à la poursuite.

» Pour faire courir cette prescription de 6 mois,
» la publication d'un écrit DEVRA ÈTRE PRÉCÉ-
» DÉE DU DÉPOT ET DE LA DÉCLARATION que
» l'éditeur entend le publier ».

Comment est-il possible, en présence d'une disposition aussi formelle de loi , qui dit que, pour
faire courir la prescription des poursuites quant au
fait , la publication d'un écrit *devra être précédée de
la déclaration et du dépôt,* de soutenir que ces formalités sont restées obligatoires ? — N'est-ce pas au
contraire la preuve la plus évidente et la plus palpable de la justesse de toutes nos observations ?

Evidemment si la déclaration et le dépôt étaient
restés forcés', sous peine d'amende , il était inutile
de dire que la publication *devrait être précédée* de ces
formalités, il suffisait de dire :

» La prescription de six mois courra à partir du
» dépôt exigé par la loi de 1814 ».

Loin de là , la loi dit : *devra être précédée* ; donc la
loi de 1819 a abrogé celle de 1814 ; donc la déclaration et le dépôt sont restés facultatifs , comme
nous l'avons dit dans notre première brochure ,
intitulée : *Appel à tous les imprimeurs de France ,* etc.,
soit pour l'imprimeur se mettre à l'abri de toute
complicité, soit pour les auteurs faire courir la
prescription , soit enfin pour ces derniers s'assurer
de leurs droits de propriété, conformément à l'art.
6 du décret du 19 juillet 1793.

Voilà les trois cas où , dans l'intérêt des parties,
il est nécessaire, mais non obligatoire, de faire
une déclaration et un dépôt.

La législation de 1814, dont le but était de prévenir les crimes et les délits de la presse, est donc
évidemment incompatible avec celle de 1819, qui
a déclaré que, pour qu'il y ait crime ou délit, il

fallait qu'il y eût vente ou publication ; car pour mettre en vente ou publier, il est évidemment impossible d'admettre que le gouvernement ait entendu conserver le droit d'empêcher l'impression et la vente. Ces deux lois renferment donc un principe opposé, d'où résulte une incohérence d'idée et une incompatibilité complète entre elles.

Ainsi, en dépit même de l'article 24, dont nous avons expliqué le sens et la portée, il est impossible de pouvoir concilier les lois de 1814 et 1819, pas plus que l'eau avec le feu.

Nous arrivons à la discussion de la loi de 1814 appliquée dans son esprit et sa lettre jusqu'en 1819, et à l'étrange application qu'on en fait aujourd'hui. C'est ici surtout où nous allons rencontrer les plus étranges bizarreries de l'esprit humain.

On a vu, dans ce qui précède, ce qu'était la loi du 21 octobre 1814, son esprit, son but, sa portée ; comment enfin elle était appliquée avant 1819.

Voyons maintenant comment elle est entendue et appliquée depuis cette époque.

D'abord, depuis la suppression de la direction générale de l'imprimerie, si nécessaire et si favorable aux imprimeurs, on poursuit aujourd'hui ces derniers sans ordre ni avis de l'administration ; en sorte que la position des imprimeurs, qu'on a voulu améliorer, a été aggravée encore sur ce point. — En second lieu, la loi du 21 octobre, qui n'était applicable qu'aux ouvrages proprement dits, a été appliquée à tous les imprimés en général, con-

trairement aux circulaires ministérielles et aux arrêts de Cassation que nous allons rapporter.

Voici d'abord ce que disait M. de Peyronnet aux
Préfets, dans sa circulaire du 16 juin 1830, en leur
parlant de la déclaration et du dépôt.

» Il n'y a d'exception que pour les ouvrages dit
» de ville, ou bilboquets, c'est-à-dire ceux qui ne
» sont pas destinés à être répandus dans le com-
» merce. On assimile encore aux ouvrages de ville,
» les mémoires ou requêtes sur procès. Cette excep-
» tion est fondée sur la garantie de la signature et
» sur la célérité que de telles impressions requiè-
» rent ».

Puis enfin le Ministre ajoute :

» Si pourtant un ouvrage peu volumineux, re-
» latif à un intérêt pressant et privé, (*a fortiori*
» à un intérêt gouvernemental) avait dû être im-
» primé promptement, et si la clôture des bureaux
» n'avait pas permis de remplir de suite les forma-
» lités exigées, il y aurait lieu, dans ce cas, d'user
» d'indulgence ».

C'est ainsi que s'exprimait M. de Peyronnet dans
son erreur sur la loi du 21 octobre 1814.

Voici maintenant ce que disait M. Recurt dans sa
circulaire du 30 mai 1848, adressée également à
tous les Préfets :

« L'usage et les tolérances des réglements dis-
» pensent des formalités prescrites par l'article 14
» de la loi du 21 octobre 1814, les imprimés de
» peu d'importance, connus dans le commerce
» sous le nom d'ouvrages de ville ou bilboquets ;

» il ne doit pas être dérogé aux innombrables
» précédents qui établissent cette coutume ».

Il est donc évident que la loi du 21 octobre 1814
n'est point générale dans son application, ainsi
que nous l'avons dit. A l'appui de ces circulaires,
nous citerons M. Parant, avocat général à la cour
de Cassation : voici comment il s'exprime au sujet
de la circulaire de M. de Peyronnet (1) :

« Si à l'époque du 16 juin 1830, époque où il y
» avait bien peu de faveur pour la presse, l'admi-
» nistration supérieure recommandait à ses agents
» de ne pas tenir, dans certains cas donnés, à l'exé-
» cution de l'article 14, c'est assez dire qu'aujour-
» d'hui les autorités ne doivent pas verbaliser, et
» qu'elles doivent s'abstenir de poursuites dans les
» mêmes cas ».

Le même auteur ajoute :

« S'il y a des circonstances particulières qui pa-
» raissent atténuantes, telles que le défaut d'intérêt
» OU TOUT AUTRE, c'est au gouvernement ou aux
» administrateurs, dans la partie qui leur est dé-
» léguée, à apprécier ces circonstances, et, s'il y
» a lieu, à modérer et même à faire la remise des
» peines, (arrêt de la cour de Cassation, du 25
» juin 1825).

----

(1) Lois de la Presse en 1836, ou législation actuelle sur l'imprimerie et la librairie, et sur les délits et contraventions commis
par toutes les voies de publication, par M. Parant, avocat
général à la cour de Cassation, député de la Moselle, page 46.

Nous venons de prouver par les circulaires ministérielles et par l'opinion de M. Parant, avocat général à la cour de Cassation, que la loi du 21 octobre 1814 n'était point absolue dans son application, et qu'elle renfermait de nombreuses exceptions. Achevons de compléter cette preuve, et de combattre nos adversaires avec les armes qu'ils nous ont fournies eux-mêmes.

Sur quoi s'appuient tous les tribunaux pour condamner les imprimeurs? — Sur la cour de Cassation. — Eh bien, la cour de Cassation, dans son erreur sur la loi du 21 octobre 1814, a décidé dans deux arrêts, l'un du 31 juillet 1823, l'autre du 3 juin 1826, *qu'il était nécessaire de consulter préalablement l'administration pour savoir si* UN OUVRAGE *peut être considéré comme bilboquet*, et, en cas de poursuites, que l'imprimeur discuterait devant les tribunaux la question de savoir si son imprimé rentrait oui ou non dans l'exception de la tolérance de l'administration, toutes les fois qu'il n'aurait pas pris la précaution de s'en expliquer préalablement avec elle.

Enfin, la même Cour, comprenant tout ce que la loi de 1814 avait d'insolite et de rigoureux, a décidé par un autre arrêt du 10 février 1826, *qu'il appartenait aux cours royales* (aujourd'hui d'appel) *de décider si de l'ensemble des faits il résultait que les formalités ont été remplies.*

En présence de ces déclarations formelles et positives d'un avocat général à la cour de Cassation, et des décisions de cette Cour, devant lesquelles s'inclinent respectueusement tous les tribunaux, il est difficile d'expliquer les poursuites dont nous sommes l'objet, quand l'autorité elle-même demande aujourd'hui, ce que nous avons fait sentir, en septembre 1850, être une nécessité, LA RÉVISION DE LA CONSTITUTION. Ce qui se passe à notre sujet est donc une énigme pour nous, qu'un sphinx moderne pourrait seul expliquer. Mais, ce qu'il y a de certain, de positif, et de réel, ce qu'enfin l'on ne peut méconnaître, c'est que les poursuites dirigées contre nous, pour une circulaire généralement approuvée par l'autorité, justifient au-delà de l'évidence : ou l'abrogation de la loi de 1814, ou le vice de cette loi, ou une interprétation on ne peut plus erronée. Il est impossible d'en conclure autre chose.

Une conséquence non moins évidente qui ressort des circulaires ministérielles, de l'opinion de M. Parant et des arrêts de Cassation que nous avons cités, c'est que les agens des gouvernements de 1814 et de 1830 étaient beaucoup plus républicains que ne le sont les agens du gouvernement de la république. On se convaincra de cela, surtout, par le récit que nous ferons un peu plus loin du singulier procès que nous a fait le parquet de Briey (Moselle), car, chose singulière, c'est de ce parquet que sont partis les premiers actes d'hostilité.

Est-il clair pour tout le monde que la loi de 1814 n'est point absolue ? — Nous pensons l'avoir démontré de la manière la plus évidente.

Ici donc se présente une difficulté née du maintien de cette loi, celle de savoir où est la limite de la loi, et quel doit être le juge compétent de cette limite.

Sous l'empire de la législation de 1814, les imprimeurs avaient encore une forte garantie : les parquets ne pouvaient poursuivre que sur la dénonciation du directeur général de l'imprimerie, SEUL CHARGÉ, dit l'ordonnance royale du 24 octobre, de dénoncer les contrevenants aux tribunaux ; mais depuis l'abrogation des lois des 21 octobre 1814 et 28 février 1817 par celles des 17 et 26 mai 1819, abrogation qui a entraîné la suppression forcée dés directeur et inspecteurs de la librairie, l'arbitraire le plus absolu s'est substitué à toutes ces dispositions favorables, et les parquets pousuivent tout ce qui leur fait plaisir, témoin les poursuites dirigées contre nous.

Evidemment ce ne sont pas les parquets qui peuvent et doivent juger si tel ou tel imprimé est soumis aux formalités prescrites par la loi. Les parquets sont chargés de la poursuite des contraventions aux lois, voilà tout; à l'administration seule appartient le droit de déterminer si tel ou tel imprimé rentre dans la loi de 1814, ou dans l'article 283 du code pénal, et s'il y a lieu à poursuivre. Ce que nous disons ici est en harmonie parfaite avec ce que dit M. Parant, et avec les arrêts de la cour de Cassation que nous avons cités.

Ainsi donc, on arrive forcément, par la logique des faits accomplis, à conclure qu'avant de poursuivre, les parquets doivent en recevoir l'ordre de l'administration. Malheureusement, il n'en est point ainsi.

Voyons maintenant comment était interprêté l'art. 15 de la loi de 1814, lorsqu'il était en vigueur, et comment il est interprêté aujourd'hui.

Voici cet article 15 : « Il y a lieu à saisie et sé-
» questre d'un ouvrage : 1.° Si l'imprimeur ne re-
» présente pas les récépissés de la déclaration et
» du dépôt ordonné en l'article précédent.

» 2.° Si chaque exemplaire ne porte pas le vrai
» nom et la vraie demeure de l'imprimeur.

» 3.° Si l'ouvrage est déféré aux tribunaux pour
» son contenu ».

Il fallait donc que l'ouvrage fût déféré aux tri-
bunaux pour son contenu, pour qu'il y eût lieu à le saisir et à condamner un imprimeur dans le cas où il ne représenterait pas les récépissés, et où il aurait omis son nom ; parce qu'il est évident que là seulement était la culpabilité de l'imprimeur. C'est ainsi que la loi était entendue et appliquée à son origine ; et cela est conforme non seulement à l'esprit mais à la lettre même de l'article 15, qui dit :

*Il y a lieu à saisie et séquestre d'un ouvrage, 1.°,
2.°, 3.°,* et non pas : *il y a lieu à saisie et séquestre d'un ouvrage* DANS L'UN DES CAS CI-APRÈS, rédaction extrêmement importante, indispensable même pour pouvoir en faire une application telle qu'on la fait aujourd'hui.

Ce que nous disons ici est si exact et si vrai, que l'article 16 qui suit, dit positivement :

Le défaut de déclaration avant l'impression, et le défaut de dépôt avant la publication, CONSTATÉS COMME IL EST DIT EN L'ARTICLE PRÉCÉDENT, (et non pas : *dans l'un des cas prévus par l'article précédent*), c'est-à-dire par des poursuites contre l'auteur et par une saisie ; cas seul où l'imprimeur était puni de 1000 et 2000 francs d'amende.

Enfin, si nous rapprochons encore les termes de la loi du 28 février 1817, qui s'exprime ainsi : *Lorsqu'un écrit aura été saisi en vertu de l'article 15*, etc., (et non pas *en vertu de l'un des paragraphes de l'article 15*, ou *dans l'un des cas prévus par l'article 15*), on en conclura avec nous qu'il n'y a aucun doute sur le sens et l'application des art. 16 et 17 de la loi ; il faut, pour appliquer la pénalité, que l'ouvrage soit déféré aux tribunaux pour son contenu ; et la preuve la plus évidente que les législateurs de 1814 l'ont ainsi entendu, c'est que l'art. 17, ajoute : *sans préjudice de l'emprisonnement* prononcé par le code pénal. Or, dans quel cas la loi prononce-t-elle l'emprisonnement ? — Quand il y a complicité. L'article 17 suppose donc le cas où l'ouvrage est déféré aux tribunaux pour son contenu, pour qu'il y ait lieu à son application ; c'est du moins ainsi que cette loi était entendue et appliquée à son origine.

Aujourd'hui, c'est tout autre chose ; on saisit dans l'un des trois cas prévus par cet article 15 tous les imprimés en général ; autre moyen d'aggraver encore la position des imprimeurs ; et dans tous les cas possibles, c'est-à-dire, soit que l'imprimeur ait omis son nom, soit qu'il ait omis la déclaration et le dépôt, soit que l'imprimé est ouvrage de ville ou bilboquets, soit que l'imprimé soit offensif ou inoffensif et même favorable au gouvernement (comme dans notre cas), les tribunaux condamnent à 5000 fr. d'amende, sans que l'ouvrage ait été déféré aux tribunaux.

C'est ainsi que cette loi a été complètement dénaturée.

Ce n'est pas tout encore. — Nous avons dit que la loi du 21 octobre ne parlait que des ouvrages ; que l'ordonnance royale du 24 octobre expliquait parfaitement le sens de ce mot ; enfin nous avons prouvé qu'elle n'était point absolue. Nous en trouvons une nouvelle preuve dans les art. 283 et 284 du code pénal, non abrogés par la loi du 21 octobre et maintenus par celle du 17 mai 1819. Voici ces articles :

Art. 283. Toute publication ou distribution d'ouvrage, écrits, avis, bulletins, affiches, journaux, feuilles périodiques ou autres imprimés, dans lesquels ne se trouvera pas l'indication vraie des noms, profession et demeure de l'auteur OU de l'imprimeur, sera, pour se seul fait, punie d'un emprisonnement de six jours à six mois, contre toute personne qui aura sciemment contribué à la publication ou distribution.

Art. 284. Cette disposition sera réduite à des peines de simple police, — 1.º A l'égard des crieurs, afficheurs, vendeurs ou distributeurs, qui auront fait connaître la personne de laquelle ils tiennent l'écrit imprimé ; — 2.º A l'égard de quiconque aura fait connaître l'imprimeur ; —3.º A l'égard même de l'imprimeur qui aura fait connaître l'auteur ».

On voit, par la définition donnée dans l'article

283 ci-dessus, la différence que fait le législateur entre les divers imprimés ; que dès-lors la loi du 21 octobre était relative aux ouvrages seulement, dans le sens de l'ordonnance royale, et que le code pénal continuait à régir les autres imprimés.

Ces articles sont, comme on voit, en harmonie parfaite avec les circulaires ministérielles elles-mêmes que nous avons citées.

Eh bien, comment encore, en ce point, est entendue la loi ? — En aucun cas les tribunaux n'appliquent le code pénal ; c'est toujours la machine à condamnation de 1814 qui est mise en mouvement. Il semble en vérité que ce soit un balancier de la monnaie que l'on ait voulu établir en permanence pour tous les besoins, et que plus il fonctionne, mieux cela vaut pour la société. A notre avis, c'est tout l'opposé, c'est plutôt au profit de la sociale, et non de la société, que ce balancier fonctionne aujourd'hui ; car il n'est rien qui irrite davantage, qui soit plus capable d'entretenir un esprit d'hostilité envers tous les gouvernements possibles, que des lois qui punissent d'amendes énormes ce qui n'est ni crime ni délit pour personne ; ce qui a été déclaré être d'une extrême injustice ; ce qui enfin révolte l'intelligence et la raison ; c'est ce qui va faire le sujet de notre dernière discussion.

Il est inutile, nous le pensons, de rappeler encore ici ce que nous avons dit et répété tant de fois, c'est-à-dire quel était le but de la décla-

ration préalable à l'impression et du dépôt préalable à la publication ; mesures préventives qui don-
naient un sens et une portée à la pénalité de la loi ;
mais aujourd'hui , quel motif pourrait-on donner
à l'existence de ces dispositions ? — Aucun , nous
n'hésitons pas à le dire hautement, qui ne soit
contraire à l'article 1.ᵉʳ de la loi du 17 mai 1819,
et à l'article 283 du code pénal , ainsi qu'à la
moralité de la loi du 17 mai ; en effet :

Le gouvernement peut-il empêcher l'impression
des écrits quelconques ? — Non. — Peut-il empêcher
la vente ? — Non. — Ce serait rétablir les mesures
préventives, et agir contre le principe même de la
loi du 17 mai. La déclaration et le dépôt n'ont donc
plus aucun sens , aucune portée pour le gouvernement. Quant à la société et aux particuliers, nous
ne pensons pas qu'ils souffriraient beaucoup du défaut de déclaration et de dépôt des imprimés.

Ainsi donc, voilà des formalités qui sont exigées
sans motif aucun ; que rien ne justifient ; et qui sont
détournées de leur but primitif. Or, toute disposition de loi pénale qui ne peut s'expliquer, qui n'est
fondée sur rien, qui n'a pas en vue de punir un
délit quelconque défini dans la loi même, comme
il l'était lors de l'existence des dispositions préventives, est évidemment contraire à la raison et à la
justice, comme le seraient toutes les lois en général
qui puniraient d'amendes énormes ce qui n'est ni
crime ni délit pour personne ?

Voilà ce qui fait ressortir , mieux que toutes les
discussions les plus savantes , l'erreur des tribu-

4

naux en général, erreur dans laquelle ils ont été entraînés, nous l'avons reconnu, par la vicieuse rédaction de l'article 24 de la loi du 17 mai 1819. Espérons donc que tous les hommes éclairés reviendront, après nous avoir lu, de l'erreur dans laquelle ils ont été jusqu'à ce jour, ou bien alors il faudrait désespérer du salut de la France.

Nous avons dit que l'exigence de la déclaration et du dépôt serait contraire à la moralité de la loi du 17 mai, parce que, ainsi que l'ont fort bien dit tous les orateurs de 1819, il faut que l'acte que l'on prétend ériger en crime soit volontaire, en d'autres termes, il est impossible d'admettre une loi qui oblige les individus, sous peine de confiscation de leur bien, à demander au gouvernement la permission de commettre un crime ou un délit. Or, n'est-ce pas là la conséquence rigoureuse de l'application de la loi de 1814?

Il nous reste une simple réflexion à faire. Nous nous sommes longtemps demandé, et nous nous demandons encore aujourd'hui, pourquoi les tribunaux ont constamment appliqué la loi du 21 octobre 1814, abrogée, plutôt que les articles 283 et 84 du code pénal, qui n'ont point été abrogés par la loi de 1814, et que la loi de 1819 à maintenus dans son article 26. Nous ne pouvons nous expliquer cette tendance à entretenir un esprit d'irritation et de mécontentement perpétuel dans un corps industriel que l'on devrait au contraire protéger et favoriser, ne fut-ce que parce qu'il tient en ses mains le plus puissant levier des gouvernements et des révolutions. Voilà ce que nous n'avons jamais pu nous expliquer.

Nous avons démontré, nous le pensons du moins, de la manière la plus évidente :

1.° Que l'intention formelle du gouvernement et des législateurs de 1819, a été d'abroger la loi du 21 octobre 1814, en présentant et adoptant les lois des 17 et 26 mai 1819.

2.° Que cette volonté ressort évidemment de tous les discours prononcés lors de la discussion des lois ci-dessus.

3.° Que cette abrogation a été sanctionnée par l'abrogation explicite de la loi du 28 février 1817 et par la suppression du directeur général et des inspecteurs de la librairie, nécessaires à l'application de la loi du 21 octobre 1814.

4.° Que la loi du 21 octobre 1814 est incompatible (comme obligatoire) avec celles des 17 et 26 mai 1819.

5.° Que la législation de 1814 n'était point générale dans son application.

6.° Que la pénalité encourue par les articles 16 et 17 n'était applicable que lorsque l'ouvrage était déféré aux tribunaux pour son contenu.

7.° Que l'article 24 de la loi du 17 mai 1819, loin de justifier l'existence de la loi du 21 octobre 1814, prouve au contraire, que les législateurs ont voulu protéger encore plus efficacement les imprimeurs, en leur donnant un moyen de se soustraire à la complicité.

8.° Que si la législation de 1814 n'est point absolue, il faut alors recourir au code pénal, et que, dans tous les cas, il n'appartient point aux parquets de poursuivre, sans avis préalable de l'administration, seul juge compétent des exceptions.

9.° Que l'on dénature la loi, qu'on la scinde dans son esprit et ses dispositions, et qu'on la pressure pour en extraire le poison le plus mortel à tous les gouvernemens, la compression, l'arbitraire et le despotisme.

10.° Enfin qu'elle est contraire à la moralité de la loi du 17 mai 1819, comme à toutes les lois répressives en général.

———————

Nous arrivons donc au singulier procès qui a donné naissance à cette nouvelle brochure. Pour mieux faire ressortir tout ce que nous avons dit au sujet de la loi du 21 octobre 1814, nous allons rendre compte de cette curieuse affaire.

Au mois de septembre 1850, nous imprimâmes la circulaire que voici :

Aux Electeurs du Département de la Meuse.

Messieurs,

Vous venez d'accueillir le Prince Louis-Napoléon Bonaparte, à son passage à Verdun, avec cet enthousiasme digne tout à la fois des enfants de la Meuse et du Chef d'un grand peuple.

Cet élan et vos acclamations, expression sincère du vote du 10 décembre, sont une manifestation bien prononcée de vos sentimens pour le neveu de l'homme qui a sauvé la France à une époque beaucoup plus critique encore que celle-ci, et qui a élevé, par son immortel génie, le peuple français bien au-dessus des autres nations du monde.

A la vue de cette réception, je me suis énorgueilli silencieusement, je vous l'avoue, Messieurs, d'avoir été le premier à provoquer votre enthousiasme au 10 décembre, et c'est à ce titre que je viens encore faire un dernier appel à votre dévouement.

Votre accueil au Prince est sans contredit d'un augure on ne peut plus favorable pour l'avenir de la France, mais cela ne suffit point, Messieurs, pour rasseoir et consolider la société sur ses véritables bases ; il vous reste encore une œuvre à accomplir, et c'est de cette œuvre dont je viens vous entretenir.

Rappelez-vous, Messieurs, la réception brillante faite à Charles X, en 1829, sous une constitution qui déclarait la personne du Roi inviolable et sacrée ; et cependant, un an après, Charles X retournait en exil.

Eh bien, Messieurs, sous l'empire de quelle constitution venez-vous de recevoir le Prince Napoléon ? Sous une constitution qui a proclamé la souveraineté du peuple IMPRESCRIPTIBLE et INALIÉNABLE, et qui a enchaîné en même temps cette souveraineté jusqu'au point d'interdire au peuple de réélire le Président, et même de choisir un successeur dans sa famille.

Voilà, Messieurs, jusqu'où la Constitution a respecté la Constitution !

Voilà jusqu'à quel point la Constitution a respecté la souveraineté du peuple !

Voilà enfin jusqu'à quel point la Constitution est contraire à la liberté, à la stabilité, et par conséquent à la prospérité de la France ! . . . .

Le moment est donc venu de vous rappeler mes paroles

de 1849, car c'est en mai 1852 qu'expirent les pouvoirs du Président, et si la révision de la Constitution n'est pas décidée aussitôt la réunion de l'Assemblée nationale, la France va se trouver plongée de nouveau dans un chaos inextricable, qu'il doit importer à tout homme dévoué non pas seulement au Président actuel, mais aussi à son pays, de prévenir par de nouvelles pétitions à l'Assemblée législative, pour demander la révision immédiate de la Constitution, conformément à l'article 111 de ce pacte fondamental, seul moyen de parer aux chances qui, en 1852, menacent, sinon d'anéantir, du moins de remettre en question l'ordre social, et peut-être de le compromettre.

En conséquence, j'ai l'avantage de vous prévenir, Messieurs, que je tiens à votre disposition des pétitions pour chaque commune du département, et j'espère que, pour la prospérité de la France, vous écouterez ma voix, comme au 10 décembre.

Dans cette flatteuse espérance.

Recevez, Messieurs, l'assurance de mon entier dévouement.

VILLET-COLLIGNON,
Imprimeur à Verdun.

Telle est la circulaire qui nous a valu l'honneur d'être poursuivi par le parquet de Briey (Moselle), et non par celui de Verdun, nous nous plaisons à le constater. Nous pensons même que le ministère public de Verdun n'eût pas songé à nous poursuivre s'il n'y eût été contraint par un renvoi de la cour de Cassation.

Toujours est-il qu'en lisant cette circulaire, tous nos lecteurs, nous en sommes persuadé, se demanderont comment il est possible qu'il existe une loi

qui puisse condamner un imprimeur à 5000 francs
d'amende pour n'avoir pas fait de déclaration avant
l'impression, et de dépôt avant la publication de
cet imprimé, et pour n'avoir pas ajouté, en sus de
la qualité *d'imprimeur à Verdun*, le nom de l'imprimerie où il a été imprimé ; car, il faut le dire
encore, l'aberration, ou la manie des interprétations forcées de la lettre, est poussée si loin, que
nous avons entendu, non sans surprise, le ministère public de Briey prétendre que notre qualité ne
remplissait pas le vœu de la loi, et qu'il fallait
ajouter une seconde fois notre signature, comme
imprimeur de notre circulaire, lorsque le garde
des sceaux de 1819 et MM. de Courvoisier et de
Broglie, sont venus dire à la tribune : « que la
» prévoyance des lois pénales atteindraient toujours
» le coupable *quand même l'instrument resterait ignoré,*
» qu'il n'y avait plus de délits particuliers de la
» presse autres que ceux prévus par les lois pénales;
» que *l'inutilité de la pénalité exceptionnelle de* 1814
» *était démontrée*; etc., etc., etc, etc., etc., »

Avions-nous raison de dire, en commençant notre
brochure, que jamais l'anarchie intellectuelle n'a-
vait été poussée plus loin ? Et peut-on émettre une
opinion plus contraire à celle des législateurs eux-
mêmes que celle du parquet de Briey ?

Cette circulaire fut donc répandue dans tout le
département de la Meuse, et adressée à toutes les
autorités administratives, qui gardèrent le silence,
(nous devons leur rendre cette justice), et firent
par là une sage application des arrêts de Cassation

et de l'opinion de M. Parant, ainsi que des circulaires ministérielles que nous avons cités. Cinq
mois s'étaient écoulés, et nous croyons notre circulaire complètement oubliée, lorsqu'au mois de jan-
vier 1851, nous fûmes traduit en police correctionnelle, par le parquet de Briey (Moselle), en
vertu, disait le ministère public, de l'article 12
de la loi du 26 mai 1819, pour contravention à
la loi du 21 octobre 1814.

A quel titre étions-nous traduit devant une juridiction étrangère à celle que la loi nous a donnée?

Pourquoi étions-nous traduit en vertu d'une loi
qui n'était pas applicable aux contraventions, mais
bien aux délits de la presse?

Pourquoi le silence des autorités locales et du
Parquet de Verdun?

Pourquoi enfin ces poursuites du Parquet de
Briey? Voilà ce qui est encore, avons-nous dit,
une énigme pour nous.

Il ne nous fut pas difficile, comme on le pense
bien, de faire déclarer le ministère public non re-
cevable en ses poursuites; il était trop évident qu'il
faisait une fausse application de l'article 12 de la
loi du 26 mai 1819, applicable aux délits de la
presse et non aux contraventions; et surtout qu'il
méconnaissait complètement l'esprit de la législation de 1814, et de celle de 1819, et plus encore
la pensée du ministre de la justice lorsqu'il disait
à la tribune :

« Que ce qui rendait une action punissable,
» c'était l'intention de son auteur et le mal qu'il a

» fait ou voulu faire à la société ; — Que le moyen
» importait peu ; — Que les lois pénales attein-
» draient toujours le coupable, quand bien même
» *l'instrument resterait complètement ignoré.* »

Et celle de MM. de Courvoisier et de Broglie
lorsqu'ils disaient aussi :

« Que l'intérêt public exigeait que la presse fût
» dégagée de toute mesure préventive ; — Que
» la liberté de la presse serait éternellement en
» question tant que la presse n'aurait pas été re-
» placée au rang de simple instrument. — Qu'exiger
» une déclaration préalable à l'impression, c'était
» aller contre le principe même des lois pénales ;
» c'était déclarer aux citoyens qu'ils avaient besoin
» d'une autorisation spéciale pour écrire et pour
» imprimer et leur signifier que le législateur en-
» tendait gouverner en maître leurs pensées et leurs
» opinions ; — Enfin, pour tout dire, *qu'il n'exis-*
» *tait pas d'acte que l'on ne pût incriminer plus injus-*
» *tement que la déclaration et le dépôt,* par la raison
» fort simple, qu'il fallait que l'acte que l'on pré-
» tendait ériger en crime fût volontaire, et que le
» dépôt était forcé ; et qu'il fût apte à consommer
» le dommage, et que le dépôt n'était propre qu'à
» le prévenir ».

Voilà, sans aucun doute, ce que le ministère
public de Briey ignorait.

Le tribunal de cette ville fit droit, à ce qu'il pa-
raît, à nos conclusions ; mais le ministère public
ne s'en tint pas là, il en référa à M. le Procureur
général près la Cour d'appel de la Moselle. Ce Ma-

gistrat , après avoir examiné les pièces du procès ,
jugea dans sa sagesse qu'il n'y avait pas lieu à se
pourvoir contre la décision du tribunal de Briey,
et déclara , par acte du 11 mars 1851 , renoncer
au droit qui lui appartient d'interjeter appel.

Disons-le en passant , si la justice était confiée
à des hommes tels que M. le Procureur général de
la Moselle, que nous n'avons pas l'honneur de connaître , certainement la France n'en serait pas où
elle en est aujourd'hui.

Malgré la décision de M. le Procureur général ,
le parquet de Briey crut devoir s'élever contre l'opinion de son supérieur , et se pourvoir en Cassation, bien que le délai d'appel fût expiré , et par
arrêt du 27 mars 1851 , la cour de Cassation nous
renvoya devant le tribunal de Verdun.

Force fut donc au parquet de cette ville de nous
poursuivre.

En conséquence , nous rédigeâmes des conclusions conformes à l'opinion que nous avons émise
dans cette brochure sur la loi de 1814 , et nous
chargeâmes un avoué de les déposer, avec ordre
exprès de ne pas plaider.

Il est inutile de dire que nous fûmes condamné
à 2000 fr. d'amende pour n'avoir fait ni déclaration
ni dépôt de notre circulaire.

Voilà comme est entendue encore aujourd'hui
la loi du 21 octobre 1814 ! et cela , au mépris des
arrêts de Cassation que nous avons cités , au mépris
des circulaires ministérielles et de l'opinion de M.
Parant sur ces circulaires , au mépris du silence

approbatif de l'administration locale, et au mépris de l'article 283 du code pénal, qui seul aujourd'hui régit la matière ; car nous ne pensons pas, après ce que nous avons dit et justifié complètement de la loi de 1814, que personne ose soutenir encore l'existence de cette loi, sans admettre les conséquences les plus contraires à l'esprit de celles des 17 et 26 mai 1819, ainsi qu'à la raison, nous l'avons démontré.

Le procès qui nous a été intenté prouve donc ce que nous avons dit, ou que la loi est abrogée, ou qu'elle est vicieuse, ou qu'elle est mal interprêtée, et parconséquent l'anarchie intellectuelle qui existe aujourd'hui dans les esprits.

Toutefois, avouons-le, nous n'en sommes pas surpris, car ce n'est pas seulement en ce point ; mais c'est pour ainsi dire dans toutes les questions les plus simples que cette anarchie existe aujourd'hui ; et si, le premier, nous avons senti la nécessité de réviser la constitution, c'est dans l'espoir d'arriver à faire cesser un état de chose qui ne peut que nous conduire promptement à l'anarchie matérielle ; car il n'y a pas loin de l'une à l'autre ; c'est enfin avec l'espoir de voir disparaître de la Constitution tout ce qu'il y a de contraire à une constitution qui puisse donner à la France le véritable gouvernement légitime, celui reconnu de tout temps par ce vieil adage : *vox populi, vox Dei*, (la voix du peuple est la voix de Dieu,) la seule enfin qui puisse mettre un terme à toute révolution à venir ; mais, pour cela, il ne faut pas que le suffrage universel soit un leurre ; il faut que les représentants soient l'expression vraie et sincère du peuple; en un mot, il faut que la franchise et la loyauté président aux élections ; or , avec la constitution actuelle , cela est-il possible? Non assurément ; et voici pourquoi :

D'après l'article 10 de la Constitution , tous les citoyens sont admissibles à tous les emplois publics , et parconséquent à être représentant. Il ne faut donc rien dans la Constitution ni dans les lois, qui s'oppose à l'application de cette disposition. Or, comment sont nommés les représentans?— Par le peuple et l'armée. — Comment vote l'armée? Comme un automate ou un aveugle; c'est incontestable. — Nous n'avons pas besoin de démontrer toute l'absurdité qu'il y a à faire voter des militaires qui sont à 2 ou 300 lieues de leur département, qui ne connaissent souvent aucun des noms ni des hommes qu'on leur présente ou qui se présentent ; tout le monde comprend comme nous qu'un tel vote est absurde, et qu'il est de nature à fausser la représentation.

Cette première considération n'est pas la plus puissante; il en existe une autre plus forte encore et plus contraire au principe établi dans la Constitution même, et que voici :

Un homme très-capable de remplir les fonctions de représentant peut se faire connaître facilement dans son département, et obtenir plus de suffrages qu'aucun autre candidat ; mais cet homme ne s'est point occupé des votes de l'armée, soit parce qu'il n'a pu se procurer la liste des militaires de son

département et leur habitation ; soit encore parce
qu'il n'a pas la fortune nécessaire pour faire les
frais que nécessite un tel travail. Eh bien, cet
homme, qui pourrait rendre d'immenses services à
son département et à la France, peut très-bien ne
pas être élu, à cause du vote de l'armée, dont les
suffrages, on le voit, dépendent ou du hasard, ou
des sous-officiers des compagnies, quand ils ne
dépendent pas d'un chef supérieur.

Il y a donc dans ce mode électif quelque chose
de contraire au principe même, et qui fait ressortir
le vice de la constitution.

Le fait est vrai, la constitution est vicieuse, excessivement vicieuse même, et c'est pour cela que
nous en avons, le premier dans la Meuse, provoqué
la révision, avec l'espoir de voir remédier à toutes
ses imperfections, et que l'armée sera, non pas
évincée du droit d'élire des représentants, mais
appelée comme un département, à choisir ses représentans particuliers.

C'est en introduisant ainsi dans toutes les lois
des principes rationnels comme ceux-là, que nous
avancerons dans le progrès au lieu de reculer audelà
de 89, comme nous le faisons depuis 1848.

Si nous combattons la législation de 1814 et si
nous demandons la révision de la constitution ;
c'est, comme on voit, dans les mêmes vues, c'est
parceque l'une et l'autre renferment des principes
contraires à leur propre existence et à leur application ; c'est par esprit d'ordre ; c'est parce que,
d'accord avec le ministre de la justice qui a pré-

senté les lois de 1819, d'accord avec M. de Courvoisier, rapporteur de la commission de la chambre des députés, et avec M. de Broglie, rapporteur de celle de la chambre des pairs, qui tous ont voulu favoriser les imprimeurs et les mettre en dehors de toutes les questions de presse, nous voyons avec peine que les gouvernants n'en ont pas moins continué le système d'oppression qui a pesé sur les imprimeurs jusqu'en 1819, et qu'ils l'ont même rendu plus lourd encore à supporter, en défigurant cette malheureuse loi de 1814. Nous voyons avec peine qu'au lieu d'être excessivement réservés et sobres de condamnations, et de se concilier par là le corps entier de la typographie, les gouvernants, méconnaissant la puissance du levier de la presse, ont continué à entretenir chez les imprimeurs cet esprit d'irritation qui a si puissamment contribué aux révolutions de 1830 et 1848, et qui nous menace aujourd'hui plus fortement encore que jamais.

Depuis 1848, nous avons combattu énergiquement la démagogie, parce qu'elle nous a paru être à la démocratie ce que l'anarchie est à l'ordre.

Aujourd'hui, nous combattons la législation de 1814, non pas seulement parce qu'elle a été abrogée en 1819; parce qu'elle est incompatible avec les lois répressives de 1819 et avec la constitution de 1848; parce qu'elle est faussée dans son esprit et sa lettre; parce qu'elle n'a plus ni sens, ni portée; parce qu'elle a été déclarée inique par la chambre des pairs; parce qu'elle est plus terrible pour les imprimeurs que ne l'était l'épée de Damoclès suspendue sur sa tête par le tyran Denys ; parce qu'en défigurant cette loi, on lui a donné le caractère des lois de Dracon ; mais nous la combattons parce qu'en laissant subsister de telles lois, on perpétue les révolutions ; et que tous les hommes énergiques et amis de leur pays ne doivent pas hésiter un instant à prendre la plume pour combattre des lois qui ont des conséquences aussi fatales et aussi contraires à la raison, à la justice, à la liberté, au repos, et à la fortune des citoyens, et parconséquent à l'ordre.

Imprimeurs de France, nous avons mis sous vos yeux les démonstrations les plus évidentes possibles pour vous prouver l'abrogation de la législation de 1814. Si, comme nous le pensons, nous avons atteint notre but, celui de servir votre cause à tous, c'est à vous à faire le reste par la publicité, qui, ainsi que l'a dit avec tant de raison, en 1819, le Ministre de la justice, est le meilleur frein contre l'injustice et les excès de pouvoir. Disposez donc des moyens qui sont entre vos mains, et notre cause est gagnée !

Quant à notre condamnation, le tribunal d'appel fera droit, nous l'espérons, à nos conclusions, en déclarant, sinon l'abrogation de la loi de 1814, ce que nous n'attendons pas, malgré les arrêts contradictoires de la cour de Cassation, mais en déclarant :

1.º Que notre circulaire ne rentre pas dans les dispositions de la loi du 21 octobre 1814, mais bien dans les ouvrages de ville ou bilboquets non destinés au commerce, (circulaires ministérielles).

2.° Que le silence de l'administration locale jusqu'à ce jour, répond suffisamment à une consultation préalable, et parconséquent au vœu de l'arrêt de cassation du 31 juillet 1823.

3.° Qu'il résulte de l'ensemble des faits que les formalités ont été remplies (arrêt de cassation du 10 février 1826); et, comme l'a fort bien dit M. Parant, que si, en juin 1830, un mois avant la révolution, où il y avait bien peu de faveur pour la presse, l'administration supérieure recommandait à ses agents de ne pas tenir, *dans certains cas donnés*, à l'exécution de l'article 14, c'était assez dire qu'en 1836 les autorités ne devaient pas verbaliser, et devaient au contraire s'abstenir de poursuites, *a fortiori* en 1851, après la révolution de 1848, et dans un cas comme le nôtre.

Voilà ce que nous attendons du tribunal d'appel, en attendant que, par la publicité donnée à notre brochure, la cour de Cassation reconnaisse son erreur.

Verdun. — Imp. de VILLET-COLLIGNON.